# BEI GRIN MACHT SICH IHR WISSEN BEZAHLT

AF157153

- Wir veröffentlichen Ihre Hausarbeit,
  Bachelor- und Masterarbeit

- Ihr eigenes eBook und Buch -
  weltweit in allen wichtigen Shops

- Verdienen Sie an jedem Verkauf

## Jetzt bei www.GRIN.com hochladen
## und kostenlos publizieren

**Anonym**

# SAP R/3 Software. Lehrgang

GRIN Verlag

**Bibliografische Information der Deutschen Nationalbibliothek:**

Die Deutsche Bibliothek verzeichnet diese Publikation in der Deutschen National-
bibliografie; detaillierte bibliografische Daten sind im Internet über http://dnb.d-
nb.de/ abrufbar.

**Impressum:**

Copyright © 2014 GRIN Verlag GmbH
Druck und Bindung: Books on Demand GmbH, Norderstedt Germany
ISBN: 978-3-656-75652-1

**Dieses Buch bei GRIN:**

http://www.grin.com/de/e-book/281551/sap-r-3-software-lehrgang

**GRIN - Your knowledge has value**

Der GRIN Verlag publiziert seit 1998 wissenschaftliche Arbeiten von Studenten, Hochschullehrern und anderen Akademikern als eBook und gedrucktes Buch. Die Verlagswebsite www.grin.com ist die ideale Plattform zur Veröffentlichung von Hausarbeiten, Abschlussarbeiten, wissenschaftlichen Aufsätzen, Dissertationen und Fachbüchern.

**Besuchen Sie uns im Internet:**

http://www.grin.com/

http://www.facebook.com/grincom

http://www.twitter.com/grin_com

# SAP R/3 Software

## 1.1 Was ist SAP

SAP ist eine deutsche Aktiengesellschaft mit Hauptsitz in Walldorf. Seit 1988 an der Börse unter anderem in Frankfurt und New York notiert und der weltweit führende Entwickler von betriebswirtschaftlicher Anwendungssoftware und Anbieter umfassender E-Business Lösungen.

Ein wichtiges Einzelprodukt ist das betriebswirtschaftliche Softwaresystem R/3, das international als Standard gilt. Über 10 Millionen Menschen in 120 Ländern der Erde arbeiten damit.

Ab 1972 wurde SAP R/2 auf Basis der Finanzbuchhaltung für Großrechneranwendungen entwickelt. Seit 1992 gibt es das Produkt SAP R/3, eine Datenbankanwendung. In das Zentrum der Unternehmensstrategie ist seit 2000 das Internet gerückt mit dem zentralen Produkt MySAP Business Wied vormals MySAP.com.

Und wofür steht SAP? S für Systeme, A für Anwendungen und P für Produkte in der Datenverarbeitung. R steht für Realtime, also die Echtzeit in der Datenverarbeitung. R/3 bezieht sich auf die 3-schichtige Serverarchitektur des Systems. SAP R/3 ist ein System aus verschiedenen Anwendungen und Produkten zur Erfassung, Weiterverarbeitung und Auswertung von Daten in einer installierten Serverlandschaft.

Die Software bietet ihrem Unternehmen Lösungen und Arbeitsumgebungen, um individuell Geschäftsprozesse im Bereich Finanzen, Vertrieb, Produktion etc. zu kontrollieren und zu analysieren. SAP R/3 integriert unterschiedliche Bereiche ihres Unternehmens in unterschiedlichen Modulen und verbindet diese über einen workflow.

Letztendlich geht es darum betriebswirtschaftliche Entscheidungen zu unterstützen, zu steuern und zu erleichtern. Viele Arbeiten werden dadurch automatisiert und für alle Beteiligten vereinfacht. Daten werden in der Regel nur einmal eingegeben und stehen unmittelbar zur Verfügung. Gleichzeitig können so automatisch weitere Prozesse angestoßen werden, die früher manuell gestartet werden mussten.

Die Module von SAP R/3 werden in jedem Unternehmen auf die Bedürfnisse der Mitarbeiter und des Unternehmens angepasst. Eine Entwicklungsumgebung ermöglicht es zudem das System zu modifizieren, anzupassen bzw. neue Anwendungen bedarfsgerecht zu entwickeln. So behalten Sie und ihr Unternehmen auch weiterhin über eine Standardsoftware hinaus ausreichend Individualität.

## 1.2 Warum wird SAP R/3 eingeführt?

Eins vorweg. Das SAP R/3 System betrachtet alle Prozesse ihres Unternehmens. Das bedeutet, dass jeder Arbeitsschritt aller Mitarbeiter, egal ob aus dem Vertrieb, der Produktion oder dem Management in diesem System erfasst und verarbeitet werden. Unternehmerische Prozesse können insgesamt besser durchgeführt werden.

Den mit SAP R/3 gibt es nur noch eine Datenbasis auf die alle zugreifen und ihre spezifischen Arbeitsabläufe sind integriert. Das bedeutet, dass Abstimmungsprozesse reduziert werden und der Informationsfluss reibungsloser verläuft. Das Workflowkonzept und die modulübergreifenden Kommunikationsmöglichkeiten im SAP R/3 System sorgen dafür, dass Mitarbeiter bei der Lösung von gemeinsamen Aufgaben Unterstützung finden im Unternehmen, im Unternehmensverbund und in Kooperation mit den Kunden und Geschäftspartnern (zielgerichteter Informationsfluss). Die strukturierte Vorgangsbearbeitung und die Aktualität der Daten fördert ihr eigenverantwortliches Arbeiten und gibt Ihnen ein höheres Maß an Selbständigkeit. Sie und kein Kollege müssen jemals wieder doppelt Daten erfassen (Unterstützung der Teamarbeit). Ihre Dateneingabe bedeutet höchste Verantwortung und sie ist extrem wichtig auch für alle folgenden Prozesse und Arbeiten.

SAP R/3 wird unter anderem dann eingeführt, wenn:

- Arbeitsaufwand reduziert werden soll
- Aktuelle Daten gefordert sind
- Kundenzufriedenheit durch Automatisierung
- Wirtschaftliche Übersicht/ Eindeutige Prozesse
- Aktuelle Informationen abteilungsübergreifend vorliegen sollen

## 2. SAP Philosophie

### 2.1 Was bringt SAP R/3 dem Mitarbeiter?

- Ich bekomme alle benötigten Infos auf einen Blick
- Die Informationsbeschaffung wird einfacher
- Ich kann Zeit sparen
- Routinetätigkeiten werden automatisiert
- Die SAP Oberfläche ist speziell auf meine Arbeitsabläufe angepasst
- Ich kann selbst die Sprache umschalten

### 2.2 Welche Vorteile hat das Unternehmen?

SAP R/3 ist eine sehr umfangreiche Standardsoftware, die auf die besonderen Gegebenheiten und Abläufe im Unternehmen branchenspezifisch angepasst wird. Durch den modularen Aufbau können sich Firmen ihr eigenes System aus dem Standardprodukt bedarfsgerecht zusammensetzen. Durch dieses so genannte Costumizing von SAP R/3 geht die Individualität ihres Unternehmens nicht verloren.

Ein SAP R/3 System behält die vollständige Sicht auf das Unternehmen:
- Analyse und Integration Ihrer Unternehmensstruktur
- Werkzeug zur Bearbeitung betriebswirtschaftlicher Vorgänge
- Prozessabläufe werden verständlicher
- Einmalige Erfassung von wichtigen Daten
- Oberfläche in vielen Sprachen
- Management-Informationen werden zuverlässiger und transparenter

### 2.3 Systemlandschaft

Das SAP R/3 System ist eine Datenbankanwendung und basiert auf einem Client-Server Modell. Der Server ist die Komponente, die für die Clients – also die Rechner der Mitarbeiter

2

– Aufgaben übernimmt und Dienste zur Verfügung stellt. Der Client nimmt die Dienste in Anspruch und zeigt die Ergebnisse entweder auf der webbasierten oder lokal installierten Benutzeroberfläche an, dem so genannten SAP GUI.

Bei SAP R/3 werden die Aufgaben auf mehrere Server verteilt. In der Regel wird ein dreistufiges Modell angewendet. Es gibt den Datenbankserver, den Anwendungsserver und die Präsentationsserver.

Der Datenbankserver bildet die Grundlage des gesamten Systems. Alle Daten werden zentral mit nur einem Datenbankserver verwaltet.

Der Anwendungsserver entlastet den Datenbankserver, indem bestimmte Prozesse zwischengespeichert und an die Datenbank weitergeleitet werden. Es kann mehrere Anwendungsserver geben. Der oder die Anwendungsserver enthalten alle Transaktionen, Anwendungen und Programme.

Der Präsentationsserver ist der PC des Anwenders, also des Mitarbeiters. Über die individuelle Anmeldung wählt sich der Mitarbeiter in den jeweils benötigten Anwendungsserver und auf seine spezifischen Funktionen ein. Mit Hilfe der grafischen Oberfläche werden die Daten und Anwendungen dargestellt.

### 2.4 Organisationsstruktur

SAP R/3 ist zunächst ein Standardsystem, welches an die Strukturen Ihres Unternehmens und Ihrer Branchen angepasst wird.

Bei Einführung von SAP R/3 werden die Strukturen genau analysiert und häufig gleichzeitig reorganisiert. Obwohl Ihr Unternehmen im SAP R/3 individuell abgebildet wird, sind meistens die ersten beiden Organisationsstrukturen in allen Unternehmen gleich.

Der Mandant ist die oberste Ebene und stellt auch aus technischer Sicht eine abgeschlossene und eigenständige Einheit dar. Der Mandant kann zum Beispiel Ihr Konzern sein.

Unter den Mandaten finden Sie eine weitere Ebene, die Buchungskreise. Diese können zum Beispiel verschiedene Unternehmen oder Einzelfirmen Ihres Konzerns sein.

Die dritte und alle weiteren Ebenen der Organisationsstruktur sind sehr individuell. Als nächstes können zum Beispiel die Produktgruppen oder sparten angesiedelt werden. Auch der Aufbau von Vertriebs- und Einkaufsorganisationen mit zugeordneten Buchungskreisen ist möglich.

Parallel zu der beschriebenen Organisationsstruktur können auch Kostenrechnungskreise mit eigenem Kontenrahmen und Kostenstellen für Controllingfunktionen bzw. das Berichtswesen eingerichtet werden.

3

Auf Basis der Organisationsstruktur Ihres Unternehmens werden die SAP R/3 Module ausgewählt und zugeschnitten. Durch den modularen Aufbau der Standardsoftware bietet das R/3 System die Möglichkeit unterschiedliche Bereiche des Unternehmens abzudecken und zu integrieren.

2.5 Verwendete Module

Jedes SAP R/3 System ist in unterschiedliche Anwendungsbereiche aufgeteilt:
- Rechnungswesen
- Logistik
- Personalwirtschaft
- Übergreifende Funktionen

Für diese Bereiche stehen jeweils verschiedene Module zur Verfügung. Die Module sind wiederum unterteilt in einzelne Komponentenanwendungen. Je nach Bedarf des Unternehmens ist der Einsatz nur einzelner Module und Komponenten möglich. Ein Produktionsbetrieb verwendet beispielsweise die Module Materialwirtschaft, Produktionsplanung, Finanzwesen und Controlling. Ein Dienstleistungsunternehmen wählt für das R/3 System stattdessen die Module Personalwirtschaft, Finanzwesen und Controlling.

Darüber hinaus kann über die Softwareentwicklungsumgebung das System modifiziert, SAP R/3 Module angepasst und neue Applikationen entwickelt werden.

2.6 Funktionen der Module

Es gibt je nach Branche und Release eine unterschiedliche Kombination aus Standardmodulen im SAP R/3 System. Im Folgenden werden wir die Funktionen der Basismodule erläutern.

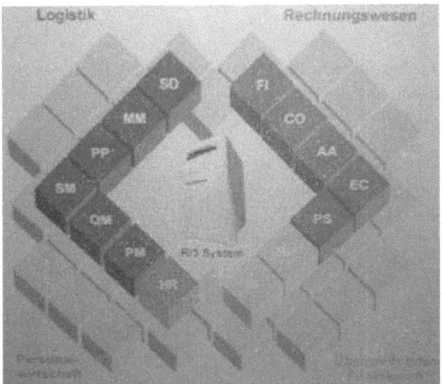

Vertrieb „SD – Sales and Distribution"
Dieses Modul unterstützt die Verkaufsprozesse, die Preisfindung und den Vertrieb. Die SD-Funktionalität umfasst folgende Komponenten:

- Auftragsverwaltung
- Verfügbarkeitsprüfung
- Versand
- Fakturierung
- Preisfindung
- Kundenstammdaten
- Kreditverwaltung

Materialwirtschaft „MM – Materials Management"
Dieses Modul unterstützt den Einkauf, die Bestandsführung und Warenverwaltung. Die MM-Funktionalität umfasst:

- Warenbewegung
- Einkauf
- Lieferantenstammdatenverwaltung
- Bestandsführung
- Materialbedarfsplanung

Produktionsplanung „PP – Production Planning"
Dieses Modul automatisiert und verwaltet die Produktionsabläufe. Die PP-Funktionalität umfasst:

- Einzel- und Prozessfertigung
- Produktionsplanung
- Prognose
- Simulation MPS/MRP
- Endliche Kapazitätsplanung
- Produktions-/Auftragskosten und Varianten

Qualitätsmanagement „QM – Quality Management"
Dieses Modul integriert die Qualitätskontrolle für die Planung, den Einkauf, die Herstellung, die Prüfung usw. Die QM-Funktionalität umfasst:

5

- Prüfung der Warenbewegung
- Planungsprüfung
- Vereinbarungen der Qualitätskontrolle mit Lieferanten
- Lieferantenbewertung
- Produktionsprüfung

Instandhaltung „PM – Plant Maintenance"
Dieses Modul automatisiert und verwaltet die Maschinenanlagen, Gebäudewartungskosten und deren Funktionen. Die PM-Funktionalität umfasst:
- Multi-Level Ausrüstungsstruktur
- Instandhaltungsaufträge, Stücklisten
- Kapazitäts- und Einsatzplanung
- Arbeitszeitaufkommen
- Historie über Nutzung und Kosten

Finanzwesen „FI – Financial Accouting"
Das Modul enthält alle Informationen für die externe Berichterstattung und basiert auf dem Kontenrahmen. Es automatisiert die Verwaltung, das Berichtswesen der Haupt- und Nebenbücher. Die FI-Funktionalität umfasst:
- Hauptbuchkonto
- Kreditorenbuchhaltung
- Debitorenbuchhaltung
- Multi-Bilanzkonsolidierung
- Cash Management
- Möglichkeit des Berichts-Drill-Downs für Logistikinformationen

Kostenrechnung „CO – Controlling"
Das Modul repräsentiert die Kostenrechnung in SAP R/3. Es stellt interne Managementinformationen bereit. Die CO-Funktionalität umfasst:
- Kostenstellenrechnung und Hierarchie
- Dezentralisierte Budgetierung über Kostenstellen und Kostenarten
- Kostenträgerstückrechnung
- Flexible Aufwandszuteilung
- Ergebnisrechnung

Anlagenbuchhaltung „AA – Asset Accounting"
Das Modul bildet verschiedene Aspekte der Vermögensbuchhaltung ab. Die AA-Funktionalität umfasst:
- Anlagenzugang, Bewegungen und Ausbuchungen
- Abschreibungssimulation
- Mehrfach parallele Abschreibungsmethoden
- Anlagen in Bau und Bewertung

Personalwirtschaft „HR – Human Resources"
Die HR-Funktionalität umfasst:
- Personalmanagement
- Personalabrechnung
- Personalzeitwirtschaft
- Veranstaltungsmanagement

6

Die anwendungsübergreifenden Module können als Werkzeuge verstanden werden, mit dessen Hilfe:

- Koordination und Optimierung des Informationsflusses
- Steuerung der Geschäftsvorgänge
- Gewünschte Reihenfolge
- Richtige Zeit
- Entsprechende Personen
- Über Mail oder Workflowitems

## 2.7 Rollenprinzip

Damit Sie als Mitarbeiter im SAP R/3 System den Überblick behalten, erhält jeder Benutzer nur den Funktionsumfang, also die Anwendungen die für die Arbeit benötigt werden. Das Prinzip, das dahinter steckt basiert auf einem Rollenkonzept. Eine Rolle beschreibt eine definierte Menge an typischen Tätigkeiten im System. Über Berechtigungen wird dann dem Mitarbeiter gestattet bestimmte Aktionen im System durchzuführen.

Hierzu werden vom Administrator sinnvolle Rollen für Mitarbeitergruppen eingerichtet und den Mitarbeitern zugeordnet. Die zu der Rolle gehörenden Funktionen stehen Ihnen als Anwender dann im rollenbasierten Benützermenü zu Verfügung. Im Startbildschirm können Sie über die Schaltfläche „anderes Menü" in der Anwenderfunktionsleiste ihr persönliches Benutzermenü auswählen.

## 3. Benutzeroberfläche

## 3.1 SAP R/3 starten und beenden

## 3.1.1 Anmelden

Um mit SAP R/3 arbeiten zu können muss zunächst einmal eine Anmeldung am Server erfolgen. Die Anmeldemaske ruft man mit einem Doppelklick auf das Symbol „SAPlogon" auf dem Desktop auf.

Der Logon-Dialog enthält eine Liste der möglichen R/3 Systeme, also der unterschiedlichen Systemumgebungen mit den jeweils spezifischen Funktionen. Hier markiert man das benötigte System mit einem Mausklick. Anschließend wird über die Schaltfläche „Logon" an Ihr System bestätigt.

Nachdem die Systemumgebung ausgewählt wurde, muss man sich als Benutzer mit seinem eigenen Profil anmelden. Im Feld „Mandant" wurde bereits die Nummer des Standardmandanten übernommen. Sie kann wenn nötig durch überschreiben geändert werden. Das Feld „Benutzer" ist aktiv. Hier trägt man sein zugewiesenes Benutzerkürzel ein.

Über die „Enter Taste" oder das „Enter Symbol" in der Systemfunktionsleiste wird die Benutzeranmeldung ausgeführt.

Der Startbildschirm bzw. das Benutzermenü des SAP Easy Access Systems erscheint. Die Anmeldung wurde somit erfolgreich durchgeführt.

### 3.1.2 Abmelden

Um sich vollständig vom System abzumelden stehen unterschiedliche Möglichkeiten zur Verfügung.

a) Im Befehlsfeld Eingabe des Befehls „/nend" oder „/nex". Im letzteren Fall wird das System ohne Sicherheitsabfrage beendet.
b) Im Menü „System" den Befehl „Abmelden" benützen
c) Schneller erreicht man den Befehl entweder über die entsprechende Schaltfläche in der Systemfunktionsleiste oder der Menüleiste

Die Sicherheitsabfrage erinnert daran, dass nicht gesicherte Daten bei der Abmeldung verloren gehen. Achten Sie darauf regelmäßig Ihre Daten zu sichern. Mit Bestätigung über die Schaltfläche „ja" werden alle derzeit geöffneten Fenster des SAP R/3 Systems beendet.

### 3.1.3 Kennwort ändern

Um das persönliche Kennwort zu ändern geht man folgendermaßen vor. Nachdem alle benutzerspezifischen Anmeldedaten eingegeben wurden, benutzt man die Schaltfläche „Neues Kennwort". Hier ist das neue Kennwort einzugeben und im Feld darunter noch einmal zu bestätigen. Wirksam wird die Änderung des Kennworts über die „Enter Taste" oder dem „Enter Symbol".

### 3.2 Navigation

### 3.2.1 Bildschirmaufbau

Nach der Anmeldung öffnet sich das SAP R/3 Standardmenü bzw. ihr persönliches Benutzermenü. Dieser Startbildschirm gibt Ihnen einen persönlichen Einstieg in Ihr R/3 System. Grundsätzlich ist die R/3 Oberfläche grafisch aufgebaut und in folgende Bereiche unterteilt.

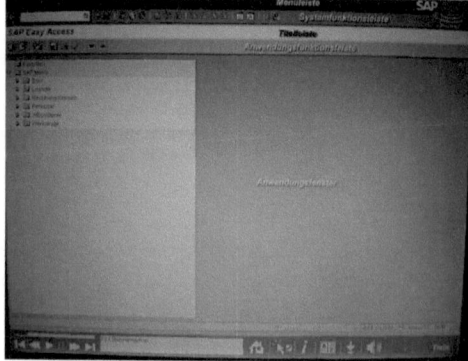

Die **Menüleiste** enthält unterschiedliche Menüs. Im Menü enthalten sind thematisch gegliedert, unterschiedliche Befehle, die bestimmte Funktionen ausführen. Geschlossen wird das Menü über die **„Escape Taste"**. Je nachdem wo Sie sich im System befinden, verändern sich die Menüs in der Menüleiste. Anstatt über den Menüpfad zu gehen, können häufig gebrauchte Funktionen auch mit einem Mausklick auf die entsprechende Symbolschaltfläche in der System- oder Anwendungsfunktionsleiste ausgeführt werden. Die Symbole der Systemfunktionsleiste verändern sich nicht. Eine Orientierungshilfe bietet die Titelleiste. Hier erfahren Sie wo Sie sich gerade im System befinden. Am unteren Bildschirmrand erhalten Sie in der Statusleiste wichtige Informationen vom System. Über den Pfeil kann die Statusleiste ein- oder ausgeblendet werden.

### 3.2.2 Fensterarten und Bedienung mit Maus oder Tastatur

Die Software SAP R/3 besitzt eine grafisch aufgebaute Oberfläche, das so genannte SAPGUI, die sich an die Navigation über Menüfunktionen mit der Maus orientiert. Dargestellt werden die Inhalte in Fenstern. Jedes Anwendungsfenster enthält feste Elemente zur Anzeige und zur Bedienung. Die Fensterstruktur ist einheitlich. Beinhaltet ein Bereich komplexe Sachverhalte, ist das zugehörige Fenster thematisch untergliedert in Registern. Die Auswahl eines Registers erfolgt durch Anklicken des benötigten Reiters.

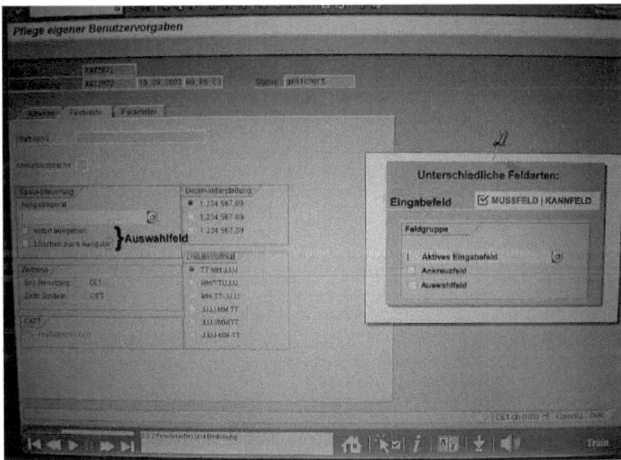

Ein Register besteht wiederum aus unterschiedlichen Feldgruppen, die mehrere Felder zusammenfassen. Sind Muss-Felder darin enthalten, kann das Register erst verlassen werden, wenn alle zwingend erforderlichen Eingaben erledigt sind. Mussfelder erkennt man an einem Haken im Eingabebereich. Kann-Felder können ausgefüllt werden, eine Auswahl bzw. eine Eingabe ist aber nicht unbedingt notwendig. Im Falle von Ankreuzfeldern können mehrere Auswahlmöglichkeiten festgelegt werden. Eine Feldgruppe kann auch aus Auswahlfeldern bestehen. In diesem Fall ist genau eine Alternative festzulegen.

Dialog- und Anzeigefenster legen sich immer über das aktuelle Anwendungsfenster und besitzen eine besondere Funktion. Zum einen informieren sie zu bestimmten Sachverhalten und zum anderen fordern Dialoge notwendige Entscheidungen an.

Grundsätzlich können Befehle entweder mit der Maus über den Menüpfad bzw. über die entsprechenden Symbolschaltflächen ausgeführt werden. Für häufig verwendete Befehle stehen alternativ aber auch die Funktionstasten der Tastatur zur Verfügung.

### 3.2.3 Der Weg zur Anwendung

Eine Anwendung oder Transaktion besteht in der Regel aus mehreren Bildschirmabfolgen, die von Ihnen mit Daten verstehen werden und die zusammen einen Vorgang abbilden. Nachdem Sie sich erfolgreich angemeldet haben, können Sie auf unterschiedlichen Wegen die benötigte Anwendung aufrufen, über den Menübaum, über die Favoriten, über Eingabe so genannter Transaktionscodes im Kommandofeld. Alle Ihrem Benutzerprofil und Ihrem Arbeitsgebiet entsprechenden Anwendungen sind in einer Baumstruktur im Menübaum aufgelistet.

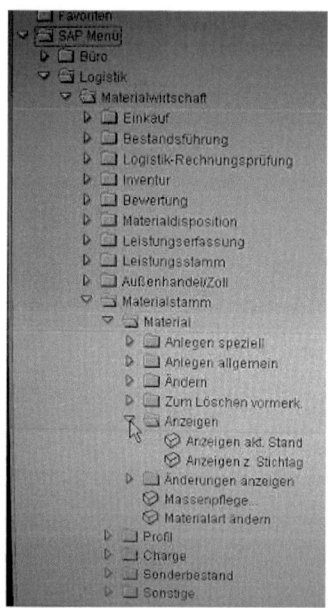

Die Pfeile signalisieren, dass mehrere Untermenüs vorhanden sind. Die Untermenüs können weiter unterteilt sein. Irgendwann gelangt man zu so genannten Knotenpunkten, den Transaktionen, die über ein Symbol besonders gekennzeichnet sind. Mittels Doppelklick startet man die Anwendung.

Wollen Sie nicht über das Arbeitsmenü navigieren, kann mit Hilfe von Transaktionscodes sehr schnell auf die benötigte Anwendung zugegriffen werden. Um zu erfahren, welche Transaktion wir soeben aufgerufen haben, schauen wir in die Systeminformation der Statusleiste.

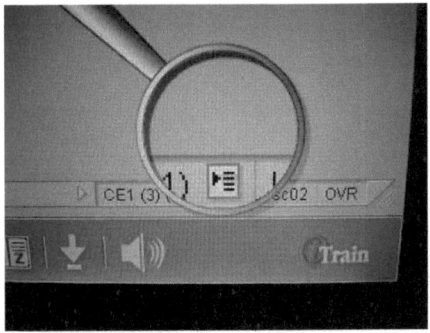

Dieser Code kann in das Kommandofeld in der Menüleiste eingetragen werden. Um auf komfortable Weise in die benötigte Anwendung zu gelangen, trägt man den Transaktionscode ein und bestätigt ihn anschließend. Die zuletzt eingegebenen Transaktionscodes werden in einer Liste gesammelt.

### 3.2.4 Favoriten

Die Favoriten vereinfachen die Navigation zur Anwendung enorm. In den Favoriten können Sie die Transaktionen, die Sie am häufigsten durchführen bequem sammeln. Ein einfacher Weg eine Transaktion im persönlichen Favoritenmenü abzulegen ist mittels drag and drop. Alternativ können Favoriten auch über den Menüpfad „**Favoriten hinzufügen**" bzw. über die entsprechende Schaltfläche in der Anwendungsfunktionsleiste angewendet werden.

Über den Befehl „**Favoriten ändern**" im Kontextmenü (rechte Maustaste) kann der Name bei Bedarf geändert werden. Mittels Doppelklick wird die Anwendung bequem aufgerufen.

## 3.3 SAP Modi

Als Modus wird in R/3 das Anwendungsfenster bezeichnet. Über dieses Fenster können die zur Verfügung stehenden Anwendungen bearbeitet werden. Der erste Modus wird automatisch nach der Anmeldung am System erzeugt. Wenn eine neue Anwendung geöffnet werden soll ohne die alte Anwendung zu schließen und die aktuellen Daten beizubehalten, muss ein neuer Modus erzeugt werden.

Hierzu wählt man den Menüpfad „**System - Erzeugen Modus**" oder die entsprechende Schaltfläche in der Systemfunktionsleiste.

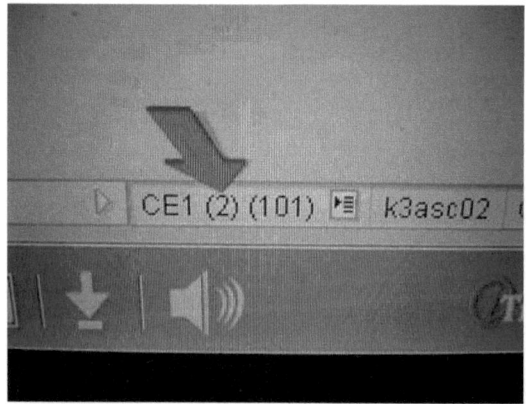

An der Statusleiste erkennt man, dass ein zweiter Modus geöffnet wurde. Es kann nun zur gewünschten Anwendung navigiert werden. Beachten Sie, Sie können maximal in 6 Modi gleichzeitig arbeiten. Allerdings wird mit jedem geöffneten Modus die Systembelastung erhöht und folglich werden die Antwortzeiten verlangsamt.

Ein Modus kann über unterschiedliche Wege wieder geschlossen werden.

Mit der Maus über den Befehl „**System – Löschen Modus**" bzw. über die entsprechende Schaltfläche in der Systemfunktionsleiste. Aber Achtung: Beim Schließen eines zusätzlichen Modus erhalten Sie keinen Sicherheitshinweis, dass Daten unter Umständen verloren gehen könnten.

12

### 3.4 SAP Hilfen

SAP R/3 bietet umfangreiche Hilfe-Möglichkeiten, die von jedem Bildschirm abrufbar sind. Die SAP Bibliothek und das Glossar beinhalten auch ausführliche Dokumentationen über die allgemeine Bedienung und spezielle Fachbegriffe im SAP R/3 System. Alle Hilfefenster sind in einer Onlinedatenbank hinterlegt und funktionieren nach dem gleichen Prinzip.

Eine schnelle Hilfe bietet die feldbezogene Hilfe. Wissen Sie die Bedeutung eines Datenfeldes nicht mehr genau, können Sie über die Funktionstaste „F1" Feldinformationen aufrufen. Dazu muss der Cursor im entsprechenden Feld aktiv sein. Für jedes Feld kann diese Art der Feldinformation aufgerufen werden. Über die Schaltfläche mit dem Werkzeugsymbol rufen Sie nähere technische Informationen auf.

### 3.5 Matchcodesuche

### 3.5.1 Werteliste

Wenn die Liste der Eingabewerte für ein Datenfeld zu umfangreich ist, kann eine Matchcodesuche durchgeführt werden. Hierüber wird die Auswahl an Treffern reduziert und man kann bequem den gesuchten Datensatz auswählen.

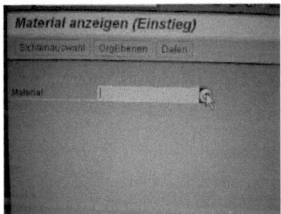

Über das Wertehilfensymbol oder die Funktionstaste „F4" wird ein Suchdialog aufgerufen. Im Dialogfenster „Wertebereich einschränken" werden die Suchkriterien über die entsprechenden Eingabefelder eingegrenzt. Alternativ kann man sich auch eine Gesamtübersicht über den entsprechenden Reiter bzw. das Symbol anzeigen lassen.

Im Fall von sehr langen Listen ist es sinnvoll die Auswahl zu reduzieren. Dazu gibt man im Eingabefeld „Materialkurztext" die bekannten Details in Textform ein. Achten Sie auf eine möglichst genaue Beschreibung, damit am Ende die Trefferanzahl überschaubar bleibt. Ist die genaue Schreibweise nicht bekannt, können so genannte Platzhalter verwendet werden.

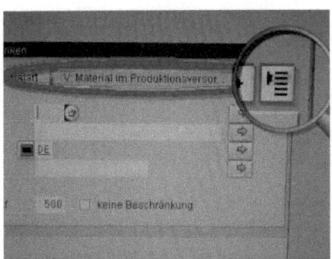

Über die „**Enter Taste**" bzw. das entsprechende Symbol wird die Suche gestartet. Der gesuchte Wert wird mittels Doppelklick übernommen. Die Materialnummer ist in das entsprechende Datenfeld übernommen worden.

3.5.2 Mehrfachselektion

Soll für ein Eingabefeld eine Auswahlliste mit unterschiedlichen Werten festgelegt werden, so kann eine Mehrfachselektion durchgeführt werden. Um den Wertebereich auf das Benötigte einzuschränken, öffnet man das Dialogfenster „**Mehrfachselektion**" über die Schaltfläche mit dem Pfeilsymbol am Rand des gewünschten Eingabefelds.

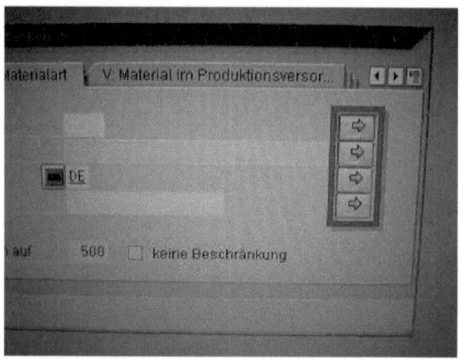

Der Dialog ist unterteilt in vier Register. Sollen Werte aus einer Selektion ausgeschlossen werden, so verwendet man die letzten beiden Register. Die Selektion wird über die entsprechende Schaltfläche oder über die Funktionstaste „**F8**" übernommen.

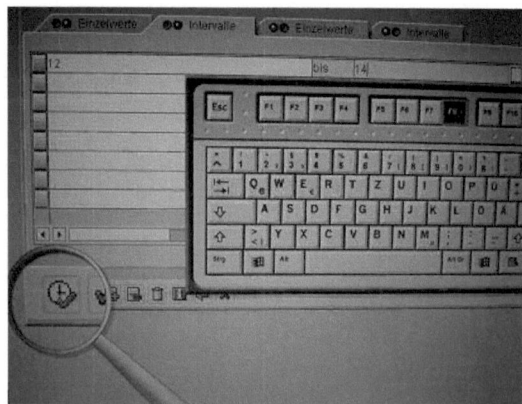

Wurde für ein Feld eine Mehrfachselektion angelegt, so erkennt man das an dem grünen Balken im Symbol. Die Liste kann nun geöffnet und die gesuchte Gruppe wie gewohnt übernommen werden.

14

3.6 Individuelle Anpassung

Als Anwender haben sie vielfältige Möglichkeiten Ihre persönliche SAP Oberfläche zu verändern und an Ihre Bedürfnisse anzupassen.

Über das Symbol **„Anpassung des lokalen Layouts"** in der Systemfunktionsleiste erreicht man die jeweils benötigten Dialogfenster, um Einstellungen zur Oberflächengestaltung vorzunehmen.

Über die **„Optionen"** können Einstellungen zur Anzeige von Quick-Infos, zu Nachrichten, zum System, sowie zur Anzeige und Position des Cursors vorgenommen werden.

Über den Eintrag **„Neues Design"** können grundsätzliche Farbeinstellungen der Oberfläche eingestellt werden.

Weitere Einstellungen Ihrer Benutzeroberfläche können über den Menüpfad **„Zusätze - Einstellungen"** festgelegt werden.

Abschließend soll die Möglichkeit vorgestellt werden, die eigenen Festwerte für häufig genutzte Datenfelder zu pflegen. Dazu öffnet man den Menüpfad **„System – Benutzervorgaben – Eigene Daten"**.

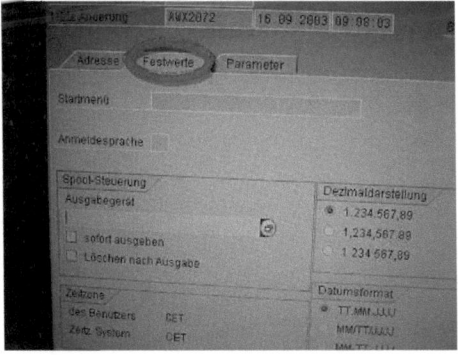

Auf dem Reiter **„Adresse"** können Angaben zum Benutzer, zur Firma und zur Kommunikation eingetragen werden.

Über das Register „**Festwerte**" könnte ein Einstiegsbild eingestellt werden. Zudem können hier auch die Darstellungsart von Dezimalzahlen und das Datumsformat verändert werden.

Über „**Parameter**" können Sie Vorschlagswerte für häufig verwendete Felder dauerhaft einrichten. Der Vorteil dabei ist, dass häufig zu belegende Felder nicht immer wieder neu eingegeben werden müssen.

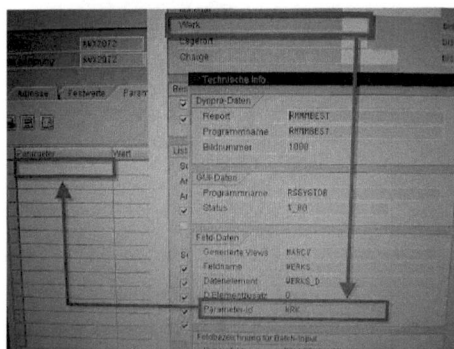

Dazu müssen Sie die Parameter-ID eines Feldes kennen. Um die Paramter-ID heraus zubekommen haben wir in der Transaktion „MMBE – Bestandsübersicht" die Feldhilfe über „**F1**" geöffnet und die technische Info aufgerufen. Um den vorgegeben Wert nun standardmäßig vorbelegt zu bekommen, müssen die veränderten Benutzervorgaben gesichert werden.

3.7 Tabellenanzeige anpassen

3.7.1 Selektionsvarianten

In R/3 arbeiten Sie häufig mit Tabellen. Um Ihnen das Arbeiten so komfortabel wie möglich zu machen, können Sie das Aussehen von Tabellen an Ihre Bedürfnisse anpassen.

Um eine Spalte auszublenden und eine andere einzublenden, ruft man die Schaltfläche „**Layout ändern**" der Anwendungsfunktionsleiste das benötigte Dialogfenster auf.

Hier wird die nicht benötigte Spalte mit Mausklick markiert und über die Pfeilschaltfläche in die Liste der ausgeblendeten Felder übernommen und vice versa. Die Veränderungen an der Tabelle müssen übernommen werden.

16

Das geänderte Layout wird im nächsten Schritt gesichert.

Über die Schaltfläche „Layout holen" kann das gewünschte Layout jederzeit wieder aufgerufen werden.

### 3.7.2 Tabelleneinstellungen

Umfangreiche Tabellen gehen ab und zu über den anzeigbaren Bildschirmrand hinaus. Damit Sie dennoch alle wichtigen Elemente einer Liste direkt erkennen, können einzelne Spalten in ihrer Breite angepasst oder umsortiert werden.

Über die Schaltfläche „Tabelleneinstellung" kann diese geänderte Anzeigevariante Ihrer Tabelle gesichert werden.

Der Dialog ist zweigeteilt. Im oberen Bereich können Sie die aktuelle und die standardmäßige Anzeigevariante ihrer Tabelle erkennen. Über die Liste könnten, wenn vorhanden andere Varianten ausgewählt und aufgerufen werden. Für die Anlage der soeben veränderten Tabellenvarianten wird im unteren Bereich ein passender Name vergeben. Über das Ankreuzfeld „Als Standardeinstellung verwenden" legt man fest, ob diese Variante zukünftig immer automatisch angezeigt werden soll. Die getätigten Einstellung müssen abschließend übernommen werden.

17

# Testfragen

**Nennen Sie die Module des R/3 – Rechnungswesens?**

FI, CO, AA

**Welches Modul gehört zum Anwendungsbereich Logistik?**

Sales & Distribution

**Welche Funktion hat das Modul Materials Management?**

Einkauf

**Was ist ein Modus?**

Ein Anwendungsfenster

**Wie können Sie sich zu Ihrer aktuell geöffneten Anwendung Hilfe holen?**

Über die „Hilfe zur Anwendung"

**Wozu benutzen Sie die Matchcodesuche?**

Über die Matchcodesuche grenzen Sie die erlaubten Werte für das Datenfeld ein

**Ist es möglich, für ein Datenfeld einen bestimmten Wertebereich zu definieren?**

Ja, über die so genannte Mehrfachselektion kann man für ein Eingabefeld eine solche Auswahlliste definieren.

**Welche Anpassungen können Sie an Ihrem R/3 System vornehmen?**

Ich kann beispielsweise Farbeinstellungen für die Oberfläche vornehmen.

**Sie möchten die Spalte einer Tabelle ausblenden. Welche Schaltfläche würden Sie dazu benutzen?**

Die Schaltfläche „Layout ändern"

**Wofür steht der Buchstabe „S" im Namen „SAP R/3"?**

„S" steht für „Systeme"

**Wie viele Datenbasen gibt es, in denen die Daten des Systems gespeichert werden?**

Es gibt nur eine Datenbasis.

**Wie unterstützt SAP Sie in Ihrer täglichen Arbeit?**

Meine täglichen Routinetätigkeiten sind hinerlegt und automatisiert. Einige lästige Routinearbeiten fallen weg.

**Welche Vorteile hat das Unternehmen bei der Einführung von SAP?**

Ein SAP-System behält die vollständige Sicht auf das Unternehmen.

**Bei SAP werden die Aufgaben an mehrere Server verteilt. In der Regel wird ein dreistufiges Modell angewendet. Wählen Sie das richtige Modell aus.**

Datenbankserver, Anwendungsserver und Präsentationsserver

**SAP ist zunächst ein Standardsystem, welches an die Strukturen Ihres Unternehmens und Ihrer Branche angepasst wird. Dazu gehört auch die erste Ebene der Organisationsstruktur: „Der Mandant". Welche Ebene befindet sich in der Regel unter dem Mandanten?**

Die Buchungskreise

**Jedes SAP-System ist in unterschiedliche Anwendungsbereiche aufgeteilt. Welches der folgenden Anwendungsbereiche gibt es nicht?**

Programmplanung

**Welche Funktion hat das Modul PP – Production Planning?**

Es automatisiert und verwaltet die Produktionsabläufe.

**Welche Funktion hat das Modul CO – Controlling?**

Es repräsentiert die Kostenrechnung in SAP.

**Das SAP-System arbeitet mit einem Rollenkonzept. Doch was ist eine Rolle?**

Eine Rolle beschreibt eine definierte Menge an typischen Tätigkeiten im System.

**Was ist das rollenbasierte Benutzermenü?**

Die zu der Rolle gehörenden Funktionen stehen dem Anwender im rollenbasierten Benutzermenü zur Verfügung.